Animales
acorazados

La bellota de mar

Lola M. Schaefer

Traducción de Patricia Cano

Heinemann Library
Chicago, Illinois

Designed by Sue Emerson, Heinemann Library
Printed and bound in the U.S.A. by Lake Book

06 05 04 03 02
10 9 8 7 6 5 4 3 2 1

Library of Congress Cataloging-in-Publication Data
Schaefer, Lola M., 1950-
    [Barnacles. Spanish]
    La bellota de mar / Lola M. Schaefer.
        p. cm. — (Animales acorazados)
Index inlcuded.
Summary: A basic introduction to barnacles, discussing their habitat, diet, and physical characteristics.
    ISBN: 1-58810-771-X (HC), 1-58810-815-5 (Pbk.)
    1. Barnacles—Juvenile literature. [1. Barnacles. 2. Spanish language materials.] I. TitleII. Series:
Schaefer, Lola M.,1950-. Musty-crusty animals. Spanish.
    QL444. C58 S3218 2002
    595. 3'5—dc21

                            2001051494

Acknowledgments
The author and publishers are grateful to the following for permission to reproduce copyright material:
Title page, p. 7 Doug Perrine/Seapics.com; p. 4 E. R. Degginger/Color Pic, Inc.; p. 5 David B. Fleetham/Seapics.com; p. 6 Norman Tomalin/Bruce Coleman Inc.; pp. 8, 22 A. Maywald/Seapics.com; p. 9 Marilyn Kazmers/Seapics.com; pp. 10, 16, 21R Jeff Rotman Photography; p. 11 William S. Ormerod, Jr./Visuals Unlimited; p. 12 Rod Barbee; pp. 13, 19 Jay Ireland & Georgienne E. Bradley/Bradleyireland.com; p. 14R David Wrobel/Visuals Unlimited; p.15R Nicholas Devore/Bruce Coleman Inc.; p. 17 Stuart Westmorland/Corbis; p. 18 Peter Parks/iq3-d/Seapics.com; p. 20 Triarch/Visuals Unlimited; p. 21L John Cunningham/Visuals Unlimited

Cover photograph courtesy of William S. Ormerod, Jr./Visuals Unlimited

Every effort has been made to contact copyright holders of any material reproduced in this book. Any omissions will be rectified in subsequent printings if notice is given to the publisher.

Special thanks to our bilingual advisory panel for their help in the preparation of this book:

Aurora García
Literacy Specialist
Northside Independent School District
San Antonio, TX

Argentina Palacios
Docent
Bronx Zoo
New York, NY

Ursula Sexton
Researcher, WestEd
San Ramon, CA

Laura Tapia
Reading Specialist
Emiliano Zapata Academy
Chicago, IL

Special thanks to Dr. Randy Kochevar of the Monterey Bay Aquarium for his help in the preparation of this book.

Unas palabras están en negrita, **así.**
Las encontrarás en el glosario en fotos de la página 23.

Contenido

¿Qué es la bellota de mar?

La bellota de mar es un animal marino sin huesos.

Es un **invertebrado**.

Hay muchas clases de bellotas de mar.

¿Dónde vive la bellota de mar?

La bellota de mar vive donde la bañe el agua de mar.

bellotas de mar

La bellota de mar vive en barcos, **muelles** y rocas.

¡Unas bellotas de mar viven pegadas a animales!

¿Cómo es la bellota de mar?

placas duras

La bellota de mar parece un **cono** pequeñito.

Unas bellotas de mar son blancas y otras son rojas.

También pueden ser de color gris o café.

¿Tiene concha la bellota de mar?

A la parte de afuera de la bellota de mar la llamamos "concha".

Pero en realidad la bellota de mar tiene **placas** duras.

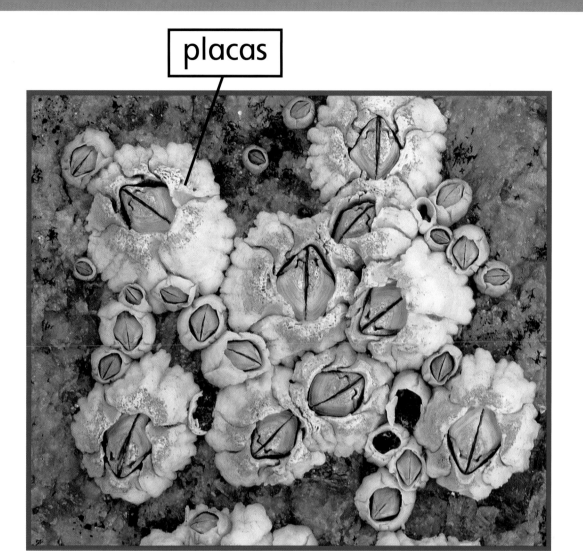

placas

Cuando la bellota de mar crece,
le crecen más placas.

Las placas la protegen de los pájaros
y los cangrejos.

¿Cómo es la textura de la bellota de mar?

La bellota de mar es dura por fuera.

Las placas son duras como piedras.

patas plumosas

Las **patas plumosas** tienen pelillos.

¿De qué tamaño es la bellota de mar?

Las crías de la bellota de mar
son del tamaño de una cabeza
de alfiler.

Algunas bellotas de mar son del tamaño de monedas grandes.

¿Cómo se mueve la bellota de mar?

Las crías de la bellota de mar nadan al lugar donde van a vivir.

Buscan algo duro y se pegan.

Después, a la bellota de mar le crecen **placas**.

Cuando tiene placas, se queda pegada siempre en el mismo lugar.

¿Qué come la bellota de mar?

La bellota de mar come unos animalitos que se llaman **plancton**.

En esta foto, el plancton parece grande.

patas plumosas

Las **patas plumosas** de la bellota de mar buscan alimento en el agua.

Las patas llevan el alimento a la boca.

¿Cómo se reproduce la bellota de mar?

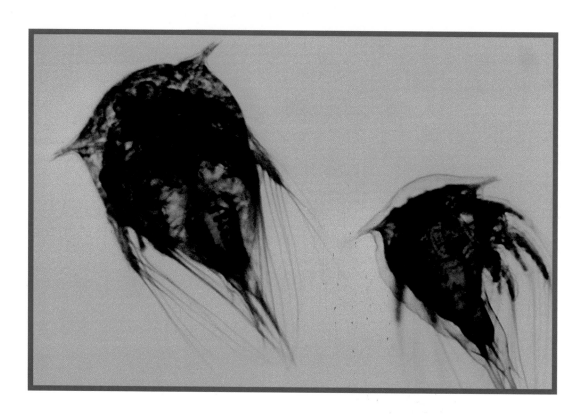

La bellota de mar tiene huevos dentro del caparazón.

Las crías salen de los huevos y se alejan nadando.

Las crías de la bellota de mar crecen y cambian de forma muchas veces.

Prueba

¿Qué son estas partes?

Búscalas en el libro.

Busca las respuestas en la página 24.

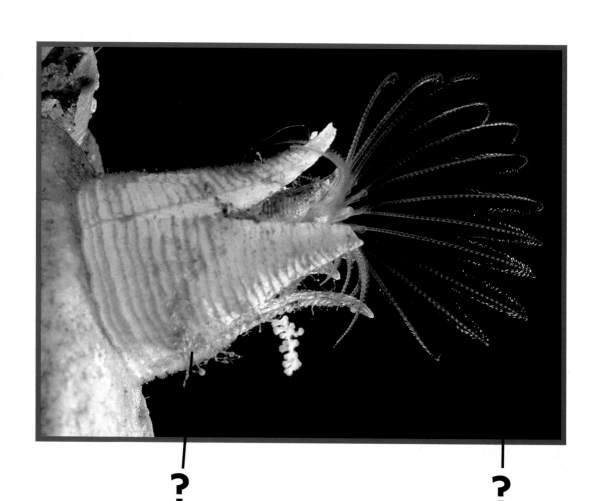

?   ?

Glosario en fotos

muelle
página 7

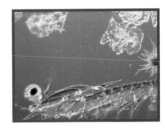

plancton
página 18

patas plumosas
páginas 13, 19

placa
páginas
8, 10, 11, 17

invertebrado
página 4

Nota a padres y maestros

Leer para buscar información es un aspecto importante del desarrollo de la lectoescritura. El aprendizaje empieza con una pregunta. Si usted alienta las preguntas de los niños sobre el mundo que los rodea, los ayudará a verse como investigadores. Cada capítulo de este libro empieza con una pregunta. Lean la pregunta juntos, miren las fotos y traten de contestar la pregunta. Después, lean y comprueben si sus predicciones son correctas. Piensen en otras preguntas sobre el tema y comenten dónde pueden buscar la respuesta.

! PRECAUCIÓN: Recuérdeles a los niños que no deben tocar animales silvestres. Los niños deben lavarse las manos con agua y jabón después de tocar cualquier animal.

Índice

placa | pata plumosa

24